BEI GRIN MACHT SICH IHR WISSEN BEZAHLT

- Wir veröffentlichen Ihre Hausarbeit,
  Bachelor- und Masterarbeit

- Ihr eigenes eBook und Buch -
  weltweit in allen wichtigen Shops

- Verdienen Sie an jedem Verkauf

Jetzt bei www.GRIN.com hochladen und kostenlos publizieren

Bibliografische Information der Deutschen Nationalbibliothek:

Die Deutsche Bibliothek verzeichnet diese Publikation in der Deutschen National-
bibliografie; detaillierte bibliografische Daten sind im Internet über http://dnb.d-
nb.de/ abrufbar.

Impressum:

Copyright © 2004 GRIN Verlag, Open Publishing GmbH
Druck und Bindung: Books on Demand GmbH, Norderstedt Germany
ISBN: 978-3-640-70058-5

Dieses Buch bei GRIN:

http://www.grin.com/de/e-book/157559/grossbritanniens-weg-in-den-zweiten-
weltkrieg-eine-darstellung-der-britisch-sowjetischen

Isabel Meyer

Großbritanniens Weg in den Zweiten Weltkrieg. Eine Darstellung der britisch-sowjetischen Verhandlungen im Mai 1939 anhand des Buches "How war came" von Donald Cameron Watt

GRIN Verlag

GRIN - Your knowledge has value

Der GRIN Verlag publiziert seit 1998 wissenschaftliche Arbeiten von Studenten, Hochschullehrern und anderen Akademikern als eBook und gedrucktes Buch. Die Verlagswebsite www.grin.com ist die ideale Plattform zur Veröffentlichung von Hausarbeiten, Abschlussarbeiten, wissenschaftlichen Aufsätzen, Dissertationen und Fachbüchern.

Besuchen Sie uns im Internet:

http://www.grin.com/

http://www.facebook.com/grincom

http://www.twitter.com/grin_com

Universität Konstanz
Fachbereich Politik- und Verwaltungswissenschaft

Eine Darstellung der britisch-sowjetischen Verhandlungen im Mai 1939
Anhand von Donald Cameron Watt – "How war came" (Kapitel 14)

Verfasserin: Isabel Meyer

2

Inhaltsverzeichnis

1. Einleitung

In dieser Hausarbeit werde ich mich speziell mit den britisch-sowjetischen Verhandlungen auseinandersetzen, wie sie sich im Mai des Jahres 1939 nach Darstellung von Donald Cameron Watt in seinem Werk „How war came" (1989) zugetragen haben. Diese Verhandlungen sind Gegenstand der Erörterungen von Watt in Kapitel 14 dieses Buches. Im selben Kapitel beschreibt Watt auch die in diesem Monat parallel ablaufenden deutsch-sowjetischen und deutsch-italienischen Verhandlungen.

Ich will mich aber nur mit den Verhandlungen zwischen Briten und Sowjets beschäftigen, um diese einer genaueren Betrachtung zu unterziehen, als es während des Referates am 13. Mai 2004 möglich war.

Im ersten Teil der Arbeit werde ich einen groben Überblick darüber geben, wie sich die Verhandlungen zwischen der Sowjetunion und Großbritannien nach der Darstellung von D. C. Watt entwickelt haben, um das Verständnis der weiteren Ausführungen zu erleichtern.

Im zweiten Teil will ich dann mit den Möglichkeiten, die mir zur Verfügung stehen, prüfen, inwiefern die Darstellung D. C. Watts den Tatsachen entspricht.

Im dritten Teil versuche ich schließlich zu zeigen, wie sich das Verhalten der Briten den Sowjets gegenüber geändert hat bzw. inwieweit sie sich den sowjetischen Forderungen angenähert haben. Dies mag eine sehr detaillierte Darstellung erfordern. Meiner Meinung nach findet sich hier aber der geeignete Rahmen für eine solche Darstellung.

2. Überblick über die britisch-sowjetischen Verhandlungen im Mai 1939

Um die Verhandlungen im Mai 1939 voll und ganz zu verstehen, muss auf ein früher liegendes Ereignis zurückgegriffen werden: Am 18. April 1939 unterbreitete der sowjetische Außenminister Maxim Litwinow, Vertreter der Politik der kollektiven Sicherheit, der britischen und französischen Regierung den Vorschlag eines Dreierbündnisses (DBFP No. 201). Dieses Bündnis sollte dazu dienen, im Kriegsfall gemeinsam den angegriffenen Staaten, voraussichtlich Polen und Rumänien, zu Hilfe zu kommen. Die britische Regierung unter Neville Chamberlain lehnte ein Bündnis mit der Sowjetunion grundsätzlich ab, da es in diesem Falle zu Verstimmungen in den Beziehungen zu Polen und Rumänien gekommen wäre (Watt: 235), die Angst vor militärischer Unterstützung durch die Sowjetunion hatten und von Großbritannien und Frankreich bereits Garantien erhalten hatten. Außerdem fürchteten die Briten eine Provokation Deutschlands. Deswegen versuchten die Briten, die Sowjets ihrerseits zu einseitigen Garantieerklärungen an Polen und Rumänien zu bewegen. In diesem Fall hätte die Sowjetunion nur dann militärische Hilfe leisten müssen, wenn diese von Polen oder Rumänien ausdrücklich gewünscht gewesen wäre. Im Bündnisfall hingegen wäre die sowjetische Unterstützung gemeinsam mit der britischen und französischen erfolgt (DBFP No.436). Die Franzosen hingegen rechneten dem britischen Vorschlag keine Erfolgschancen zu und ließen die

Sowjets am Abend des 3. Mai deshalb wissen, sie seien mit einem Bündnis einverstanden (DBFP No. 351). In dieser Nacht wurde Litwinow aus seinem Amt entlassen (DBFP No. 353). Seine Annäherung mit dem Westen musste Stalin zu weit gegangen sein.

Der britische Versuch, den Sowjets die Idee einseitiger Garantieerklärungen näher zu bringen (DBFP No. 389 und No. 397; Watt: 236), scheiterte aber unter anderem an der französischen Eigeninitiative, den sowjetischen Vorschlag inoffiziell anzunehmen (Watt: 237). Der britische Botschafter in Moskau, Sir William Seeds, war davon nicht in Kenntnis gesetzt worden und sah sich somit bei seinem ersten Treffen mit dem neuen sowjetischen Außenminister Wjatscheslaw Molotow, einem treuen Gefolgsmann Stalins und dessen rechter Hand, in die Defensive gedrängt. Molotow bezweifelte eine gemeinsame westliche Linie und schien auch ansonsten wenig verhandlungsbereit (DBFP No. 436). Die Richtung der sowjetischen Außenpolitik musste sich geändert haben.

Da der britische Vorschlag daraufhin offiziell von den Sowjets abgelehnt wurde (DBFP No. 520 und No. 530; SDFP: 330), wuchs in Großbritannien der Druck, ein Bündnis mit den Sowjets zu erstreben, um dem Scheitern der Verhandlungen zu entgehen. In einem letzten Kraftakt wurde daraufhin wieder zusammen mit den Franzosen ein Bündnisentwurf erstellt, dem schließlich auch Chamberlain widerwillig zustimmte, nachdem der Entwurf mit den Prinzipien des Völkerbundes verknüpft wurde. Als der Vorschlag Molotow vorgelegt wurde, wies dieser ihn aber sofort rigoros zurück (DBFP No. 657). Dies stellte ein vorläufiges Ende der britisch-sowjetischen Verhandlungen dar.

3. Versuch der Beurteilung der Darstellungsweise D. C. Watts

Im zweiten Teil will ich jetzt einen Vergleich zwischen der Darstellungsweise von D. C. Watt mit anderen Quellen anstellen.

D. C. Watt selbst zieht zur Darstellung der Ereignisse, die er in Kapitel 14 behandelt, hauptsächlich Primärquellen heran. Dies wird schon bei einem kleinen Überblick über das Literaturverzeichnis dieses Kapitels deutlich. Im Vordergrund stehen Dokumente, die Telegramme oder Sitzungsdokumente wiedergeben. Namentlich verwendet D. C. Watt u. a. folgende Literatur:

- Documents on British Foreign Policy, 1919 – 1939, 3rd series, 1938 – 1939
- Soviet Documents on Foreign Policy, 1917 – 1941, vol. III
- Documents on German Foreign Policy, Series D, 1936 – 1941, vol. VI
- Foreign Relations of the United States, 1939, vol. I

- Documents Diplomatiques Français, zweite Serie, vol. XV
- Documenti Diplomatici Italiani, achte Serie, vol. XII

Neben diesen Primärquellen werden nur wenige Sekundärquellen verwendet, so zum Beispiel:

- Sommer, T.: Deutschland und Japan zwischen den Mächten, 1962
- Hilger, G.: The incompatible Allies, 1953
- Aster, S.: 1939 – The making of the second world war, 1973
- U. a.

Aufgrund der Verfügbarkeit der Primärquellen und der besseren Überprüfung der Darstellung von D. C. Watt durch diese Primärquellen, habe ich für meine Betrachtungen, die ich in dieser Hausarbeit anstellen will, nur Primärquellen verwendet. Im Vordergrund stehen hierbei die Dokumente der britischen und sowjetischen Außenpolitik, wie ich sie an Position eins und zwei der Auflistung der Primärquellen angeführt habe.

Beim Studieren dieser Primärquellen wird schnell deutlich, dass Watt sich zumindest in Kapitel 14 sehr eng an die Überlieferung der Ereignisse durch die direkt beteiligten Diplomaten und Politiker hält. Seine Darstellung weicht hier nur gering von den Schilderungen ab, die den Primärquellen entnommen werden können.

Einige Beispiele sollen dies im Folgenden verdeutlichen und beweisen:

D. C. Watt steigt in das Kapitel 14 ein, indem er von der Entlassung des sowjetischen Außenministers Maxim Litwinow und der Ernennung des Stalin-getreuen Wjatscheslaw Michailovich Molotow zum neuen Außenminister berichtet. Dazu zieht er ein Telegramm heran, das der britische Botschafter in Moskau, Sir William Seeds, am Vormittag des 4. Mai – nur wenige Stunden nach den Geschehnissen – an den britischen Außenminister Lord Halifax schickt. Seeds schreibt: „*Inconspicuous four-line notice on back page of newspapers states that Presidium of Supreme Council of U.S.S.R. has released M. Litvinov at his own request from his duties as Commissar of Foreign Affairs. M. Litvinov gave me no inkling of this when I saw him yesterday.*" *(DBFP No. 353)* Watt hält sich fast wortwörtlich an den Text von Sir Seeds, wenn er ihn frei zitiert (Watt: 234).

Auch im weiteren hält er sich an die Worte Seeds', wenn er ihn wie folgt zitiert: „*Seeds felt the change might mean an abandonment of Litvinov's policy of collective security and a decision 'to enter instead on a policy of isolation more in accordance' with M. Stalin's speeches.*" *(Watt: 234; vgl. DBFP No. 359)*

Watt hält sich hier sehr nahe an den überlieferten Berichten, auch wenn er in der Zitierung etwas freier umgeht. Mit seiner Beurteilung, Seeds habe hier ein alarmierendes, wenn auch spekulatives Telegramm versendet, liegt Watt meiner Meinung nach richtig, da Sir Seeds zu diesem Zeitpunkt über keine Stellungnahme der sowjetischen Regierung verfügte, um seine Befürchtungen zu beweisen.

Ein weiteres Beispiel: Die Leitmotive des Denkens und Handelns von Lord Halifax, die Watt aufführt (Watt: 235), sind einem Telegramm von Lord Halifax an den britischen Botschafter in Paris, Sir Phipps, entnommen. Halifax schreibt, die Politik, die die britische Regierung in ihrer Annäherung an die Sowjetunion verfolge, wolle die folgenden Überlegungen in Einklang bringen und verwirklichen: Erstens sollte im Kriegsfall nicht auf sowjetische Unterstützung verzichtet werden, zweitens sollte die lang ersehnte gemeinsame Front nicht durch ein außer acht Lassen der polnischen und rumänischen Empfindlichkeiten gefährdet werden, drittens sollten die Sympathien der Welt nicht verspielt werden, indem Öl ins Feuer der deutschen Antikomintern-Propaganda gegossen würde und viertens sollte es vermieden werden, Hitler zu einer unüberlegten und kriegerischen Handlung zu provozieren (Watt: 235; vgl. DBFP No. 305). Watt meint, diese Leitmotive seien von der ursprünglichen Idee einseitiger Erklärungen der Sowjetunion geprägt, und bezieht sich damit auf die folgende Aussage Lord Halifax` im Anschluss an die eben aufgeführten Leitmotive: *„For these reasons His Majesty's Government still think that something on the lines of their original proposal [...] is the one best calculated to meet this very complicated situation." (DBFP No.305)* Lord Halifax spricht hier eindeutig vom britischen Vorschlag an die Sowjetunion, einseitige Erklärungen an Polen, Griechenland und Rumänien abzugeben, den er im Weiteren nochmals ausformuliert, um ihn von der französischen Regierung absegnen zu lassen.

Aus welchen Quellen Watt seine Behauptungen gründet, Halifax fürchte – im Gegensatz zum Oktober 1938 – den militärischen Vergleich mit Deutschland nicht und gehe davon aus, dass die Sowjetunion britischen Schutz für ihre Nachbarstaaten dulden würde, bleibt der Autor an dieser Stelle schuldig.

Weiteres Beispiel: Über die Übermittelung der prinzipiellen Zustimmung Frankreichs zum sowjetischen Bündnisvorschlag sagt Watt, sie sei in einem *„moment of carefully planned indiscretion" (Watt: 237),* also einem Moment der sorgsam geplanten Indiskretion zustande gekommen. In einem Telegramm des britischen Botschafters in Paris, Sir Eric Phipps, an Lord Halifax vom 3. Mai heißt es darüber: *„M. Bonnet had had a conversation with Soviet*

Ambassador [Suritz]. [...] In the heat of the conversation, and in order to dispel suspicions of M. Souritch, M. Bonnet had given him text of French proposal modified on the spot with a view to meeting objections voiced by latter." (DBFP No. 351) Hier ist also die Rede von einer Übergabe der Zustimmung in der Hitze des Gesprächs. Dass die Übergabe des französischen Vorschlags aber nicht nur aus der Hitze des Gesprächs zustande gekommen sein kann und somit unüberlegt gewesen wäre, zeigt allein schon die Tatsache, dass von den Franzosen bereits am 24. April überhaupt eine Antwort ausformuliert worden ist (vgl. DBFP No. 277). Der zweigleisige Kurs Frankreichs wird auch sehr deutlich, wenn sie Großbritannien zum einen beistimmen, der sowjetische Bündnisvorschlag sei nicht akzeptabel (DBFP No. 277), zum anderen aber einen eigenen Bündnisvorschlag ausarbeiten, der in sehr einfacher und abgespeckter, aber für die Sowjets unbefriedigender Weise den sowjetischen Bündnisvorschlag nachahmt (vgl. DBFP No. 201 und DBFP No. 277). D. C. Watt liegt mit seiner Interpretation des französischen Verhaltens meiner Meinung nach also richtig.

. Sehr harsch äußert sich Watt über die Idee Chamberlains, den endgültigen Bündnisvorschlag der Briten und Franzosen mit den Prinzipien des Völkerbundes zu verknüpfen. Watt schreibt: *„It was a poisonously stupid criminally asinine piece of ingenuity, which neither Halifax nor his advisers and certainly not the unfortunate Sir William Seeds seem to have spotted, so great was the mystique of the covenant of the league." (Watt: 247)* In Sir Seeds' Bericht über die Übergabe des endgültigen britischen und französischen Vorschlags enthält dieser sich jeglichen Urteils über die missglückte Verknüpfung des Vertrages mit den Prinzipien des Völkerbundes. Er gibt lediglich die zynische Antwort Molotows wieder.
Zum einzigen Mal in Kapitel 14 nimmt Watt hier eine Beurteilung des Verhaltens der Akteure aus der heutigen Sichtweise vor.

Watt verschweigt hingegen die Reaktion des britischen Botschafters in Moskau über die französische Eigeninitiative, den sowjetischen Vorschlag anzunehmen. Seeds schreibt: *„But that lamentable affair of the French reply in Bonnet's 'heat of the moment' has cut across our own negotiations and made it quite impossible to reach any conclusion. [...] Even in a private letter it is better for me not to say what I think about that business of the French reply." (DBFP No. 533)* Da Watt aber ansonsten nicht allzu freundlich über die französische Außenpolitik urteilt und sie wegen ihres Verlangens nach übertriebener eigener Sicherheit kritisiert, ist seine Darstellung auch hier nicht zu einseitig.

Alles in allem lässt sich feststellen, dass sich D. C. Watt bei der Darstellung der Ereignisse, die er in Kapitel 14 behandelt, sehr eng an die überlieferten Schilderungen der direkt Beteiligten hält. Ich habe versucht, dies im Rahmen dieser Hausarbeit an einigen wenigen Beispielen zu belegen. Schwerwiegende Abweichungen sind nicht aufgefallen und auch mit eigenen Bewertungen des Verhaltens der einzelnen Akteure hält er sich größtenteils zurück. Es kann ihm auch nicht vorgeworfen werden, er würde die britische Position ausnahmslos für gut heißen oder eine nationale Sichtweise zu stark hervorheben. Denn über das Geschick von Lord Halifax, den Sowjets entgegenzukommen, äußert er sich an zwei Stellen kritisch (Watt: 236, 243). An manchen Stellen scheint er jedoch der sowjetischen Position zu wenig Verständnis entgegenzubringen. Darauf werde ich aber im nächsten Abschnitt näher eingehen.

4. Die Zugeständnisse der Briten an die Sowjets

Im Weiteren will ich nun versuchen herauszustellen, welche Zugeständnisse die Briten schließlich bereit waren den Sowjets zu machen, weil sie ein Ende der Verhandlungen fürchteten. Dies dürfte allein an der Entwicklung sichtbar werden, die die Vertragsentwürfe vom ersten schnell aufgesetzten Vorschlag einseitiger Garantien bis hin zum exakt ausformulierten Bündnisvorschlag genommen haben:

Ende April entsteht der erste britische Entwurf eines Vorschlags an die Sowjetunion, einseitige Garantieerklärungen an Polen, Rumänien und Griechenland zu machen. Lord Halifax sendet diesen am 28. April an den britischen Botschafter in Paris, Sir Phipps, mit der Bitte, ihn der französischen Regierung zu unterbreiten (DBFP No. 305). Den um wenige Worte abgeänderten Text lässt Halifax dann am 6. Mai dem britischen Botschafter in Moskau, Sir William Seeds, zukommen. Dieser wiederum legt ihn am 8. Mai dem neuen sowjetischen Außenminister Molotow vor. Der Text des Vorschlags lautete wie folgt:

„It is suggested that the Soviet Government should make a public declaration on their own initiative in which [...] the Soviet Government would undertake that in the event of Great Britain and France being involved in hostilities in fulfilment of these obligations, the assistance of the Soviet Government would be available if desired and would be afforded in such manner and on such terms as might be agreed." (DBFP No. 436; vgl. DBFP No. 305)

Den letzten Ausdruck *„in such manner and on such terms as might be agreed"* erläutert Lord Halifax in seinem Telegramm an Seeds am 6. Mai wie folgt: *„In order to try to meet the Soviet Government to some extent, we have inserted towards the end of our proposed formula*

9

the words 'and on such terms.' It would then be possible to deal with this matter if and when the event arises." (DBFP No. 389) An anderer Stelle erklärt er: "These words [...] we had also added to satisfy the Soviet Government that they would have some liberty of action in the discharge of the obligation that they might be willing to undertake." (DBFP No. 433) Halifax dachte, den Sowjets entgegenzukommen, wenn die Einzelheiten einer militärischen Hilfe so generell wie möglich gefasst waren und erst zu gegebenem Zeitpunkt auszuhandeln gewesen wären. Mir bleibt es allerdings rätselhaft, wie in einer so wichtigen Vereinbarung solch elementare Bestandteile nicht verhandelt werden können. Vielleicht hätte dies aber auch als Hintertür für ein späteres zweiseitiges Bündnis dienen können.

Beim Lesen des Entwurfs wird aber auch die sowjetische Sichtweise verständlich. Ihnen wird der Vorschlag einseitiger Garantierklärungen unterbreitet. Diese sollen beinhalten, dass die Sowjets, wenn die Briten und Franzosen in Kampfhandlungen verwickelt seien, zu Hilfe kommen sollten: „the assistance of the Soviet Government would be available if desired" (DBFP No. 436; vgl. DBFP No. 305). Dass dies in dem Sinne missverstanden werden kann, dass die Sowjets den Briten und Franzosen und nicht wie vordergründig proklamiert den Polen und Rumänen zu Hilfe kommen sollen, ist meiner Meinung nach nur allzu verständlich. Es wird nicht ausdrücklich hervorgehoben, dass die sowjetische Hilfe dritten Staaten zu Gute kommen soll. Zum Ausdruck kommt dies auch bei einem Gespräch zwischen dem britischen Außenminister Halifax und dem sowjetischen Botschafter in London, Ivan Maisky. Halifax schreibt: „It seemed to me, perhaps, that part of the difficulty in M. Maisky's thought consisted in the fact that he spoke of Russian assistance being rendered to France and Great Britain, whereas, in fact, what we contemplated was Soviet assistance being rendered to Poland and Roumania." (DBFP No. 494) Dadurch begründet sich auch das von Watt korrekt wiedergegebene ständige Misstrauen der Sowjets, nicht als gleichberechtigter Partner neben Frankreich und Großbritannien zu stehen. Die Briten versäumten es, deutlich zu machen, wem die militärische Hilfe gelten solle. Diese Interpretation des Textes lässt Watt meiner Meinung nach zu ungeachtet und verwehrt dem Leser damit das Verständnis für die Seite der Sowjetunion.

Lord Halifax verteidigt den britischen Vorschlag wie folgt: „It does in fact give Russia reciprocal assurance of common action [...]." (DBFP No. 305) Er erläutert im Weiteren, die Sowjetunion müsse sich nicht gezwungenermaßen an einem Krieg beteiligen, selbst wenn Frankreich und Großbritannien schon in Kampfhandlungen verwickelt seien. Dies wird die sowjetische Regierung meiner Meinung nach allerdings nicht als Gleichberechtigung verstanden haben. Für sie zählte nur die gleiche Unterstützung durch Großbritannien und Frankreich, wie sie diesen selbst zu Teil hätte kommen lassen sollen.

D. C. Watt urteilt über den Entwurf schließlich ebenso: *„Lord Halifax' formulation enjoyed a good deal less than enthusiastic support from the French."* *(Watt: 236)* Er bemängelt also wie ich die Formulierung des britischen Vorschlags. Ebenso wie ich bemängelt Watt die Formulierung des britischen Vorschlags. Dennoch kommt mir die Darstellung der sowjetischen Sichtweise bei ihm an dieser Stelle zu kurz.

Die Begeisterung der Franzosen für diesen Vorschlag, die Watt hier anspricht, resultiere seiner Meinung nach aber auch nur aus einer *„French passion for over-insurance"* *(Watt: 237),* also dem französischen Wunsch nach eigener Sicherheit mehr als nach allem anderen. Sie klammerten sich förmlich an die Briten, da sie sich von ihnen beschützt sahen, und wollten sie natürlich nicht verstimmen, indem sie einen britischen Vorschlag abgewiesen hätten. In einer französischen Beurteilung heißt es dazu: *„French Government fear that British proposal may meet with serious objections from Soviet Government. But if Soviet Government accepted British counter-proposal, French Government would raise no objection."* *(DBFP No. 350)* Aufgrund dieser Bedenken starteten die Franzosen hinter dem Rücken der Briten eine eigene Initiative. Dieses Verhalten bekräftigt den Vorwurf von Watt, die Franzosen strebten nach übertriebener eigner Sicherheit.

Am Abend des 14. Mai – wenige Tage nach seinem Treffen mit Molotow – erhält Seeds dann folgende Antwort der Sowjets auf den britischen Vorschlag:

„Soviet Government have given careful consideration to latest proposals of British Government which were communicated to them on May 8 and they have come to the conclusion that these proposals cannot serve as a basis for organisation of a front of resistance against a further extension of aggression in Europe. This conclusion is based on the following considerations:

1. *The English proposals do not contain principle of reciprocity with regard to U.S.S.R. and place the latter in a position of inequality inasmuch as they do not contemplate an obligation by England and France to guarantee the U.S.S.R. in the event of a direct attack on the latter by aggressors, whereas England and France as well as Poland enjoy such guarantee as a result of reciprocity which exists between them.*
2. *English proposals only extend guarantee to Eastern Europe States bordering on U.S.S.R. to Poland and to Roumania, as a consequence of which north western frontier of U.S.S.R. towards Finland, Estonia and Latvia remains uncovered. […] "* *(DBFP No. 520; SDFP: 330)*

Aus den eben schon erläuterten Gründen bemängelten die Sowjets also die Absicht der Briten und Franzosen, ihnen dieselbe Hilfe zu kommen zu lassen. Die Sowjets gingen ja davon aus, den Briten und Franzosen Hilfe leisten zu müssen (DBFP No. 481), also erwarteten sie Ge-

genleistungen. Allerdings führen sie erstmals in aller Deutlichkeit einen weiteren Punkt auf, an dem die Verhandlungen später scheitern werden: Die Sowjets bestehen darauf, dass die Garantieerklärungen sich nicht nur auf Polen und Rumänien beziehen, sondern auch auf die übrigen Nachbarstaaten der Sowjetunion, also auf Finnland, Estland und Lettland. Seeds schrieb hierüber: „It was curious that Molotov never mentioned the Baltic States in [our] first interview." (DBFP No. 533) Grund für diese Forderung war die Angst vor einem deutschen Angriff auch über diese Staaten (DBFP No. 530).

Nach dieser Absage des britischen Vorschlags wächst der Druck in Großbritannien, ein Bündnis mit der Sowjetunion zu schließen, um einem Scheitern der Verhandlungen zu entgehen. Daraufhin wird folgender Vertragsvorschlag ausgearbeitet:

„If the U.S.S.R. is engaged in hostilities with a European Power, in consequence either of aggression by that Power against another European State which has requested Soviet assistance, or of aggression by that Power against the U.S.S.R., France and Great Britain will give the U.S.S.R. all the support and assistance in their power.
If France and Great Britain are engaged in hostilities with a European Power, in consequence either of aggression by that Power against another European State which has requested their assistance, or of aggression by that Power against either of them, the U.S.S.R. will give France and Great Britain all the support and assistance in her power.
The three Governments will concert together as to the methods by which such mutual support and assistance could, in case of need, be made most effective.
It is understood that the rendering of support and assistance in the above cases is without prejudice to the rights and position of the other Powers." (DBFP No. 589)

Der Vertrag wurde außerdem auf Wunsch von Sir Chamberlain, der sich bis zuletzt gegen ein mögliches Bündnis mit der Sowjetunion sträubte, mit den Prinzipien des Völkerbundes verknüpft.

Deutlich sichtbar wird hier, welche Zugeständnisse die Briten bereit waren, den Sowjets zu machen. Vom Vorschlag einseitiger Garantien ist nichts mehr zu erkennen. Der Vorschlag enthält jetzt eine eindeutige Zusicherung von Gleichberechtigung der drei Partner, schließlich ist der Wortlaut des ersten und zweiten Absatzes exakt gleich, und auch der Forderung der Sowjets nach sofortigen Gesprächen über die militärische Ausgestaltung des Bündnisses wurde nachgekommen, wie im dritten Absatz des Entwurfes zu lesen ist. Einzig und allein die Forderung der Einbeziehung Finnlands, Estlands und Lettlands wurde nicht erfüllt, da die Briten nicht über die Köpfe dieser Staaten hinweg entscheiden konnten.

So war es dem sowjetischen Außenminister denn auch ein leichtes, den Vorschlag abzulehnen, wenn diese Hauptforderung nicht erfüllt war. Einen weiteren Angriffspunkt boten ihm die Briten unglücklicherweise auch in der Verknüpfung des Vertrages mit den Prinzipien des Völkerbundes. Das starre Arbeiten des Völkerbundes verhindere ein schnelles Reagieren auf einen deutschen Angriff, so Molotow: *„He said that the object of the allusion in the draft to* *the League of Nations was unmistakable. The cumbrous procedure of the League was a guarantee that the agreement would never come into operation."* *(DBFP No. 657)* Chamberlains Überlegungen dazu sahen anders aus: *„This would, in his view, [...] yet give the treaty a ‚temporary character'."* *(Watt: 247)* Auch Seeds versuchte Molotow davon zu überzeugen, dass ein Einlösen der Garantieerklärungen nicht vom Handeln des Völkerbundes abhängig gemacht werden sollte. Es ginge lediglich um die Prinzipien des Völkerbundes (DBFP No. 657). Aber Molotow wollte sich nicht überzeugen lassen.

Im Übrigen deutete alles daraufhin, dass Molotow im Gegensatz zu seinem Amtsvorgänger nicht im Geringsten dazu gewillt war, ein Bündnis mit den Westmächten einzugehen. Dies deutete auf eine neue allgemeine sowjetische Haltung. Stalin hatte den westlich orientierten Litwinow sicherlich nicht ohne Grund entlassen. Seeds äußert sich über die neue Situation folgendermaßen: *„I am very sad at Litvinov's disappearance. Talks with him were always stimulating, thanks to his knowledge of men and matters and to his efficient technique. [...] We had got to understand each other very well, whereas Molotov is still an enigma. [...] I must confess to not being at all sure what these people are actually up to."* *(DBFP No. 533)* Des Weiteren kritisiert Seeds, Molotow sei nicht im Geringsten vertraut mit diplomatischem Geschick. Seine abschließende Beurteilung über Molotow fällt demnach sehr negativ aus: *„My impression of these two long conversations is that it is my fate to deal with a man totally ignorant of foreign affairs and to whom the idea of negotiation – as distinct from imposing the will of his party leader – is utterly alien."* *(DBFP No. 665)* Fraglich bleibt, ob ein Bündnis zwischen Großbritannien, Frankreich und der Sowjetunion überhaupt zustande gekommen wäre, wenn die baltischen Staaten und Finnland mit in die Garantieerklärungen einbezogen worden wären, oder ob der Kurs Stalins schon fest auf ein Bündnis mit Deutschland gerichtet war. Diese Frage muss hier unbeantwortet bleiben.

5. Zusammenfassung

Ausschlaggebend für das Scheitern des Zustandekommens eines Bündnisses zwischen Großbritannien, Frankreich und der Sowjetunion im Mai 1939 war zu anfangs die grundsätzliche Ablehnung der Briten. Diese musste meiner Ansicht nach bewusst gewählt werden, um Verstimmungen mit Polen und Rumänien zu verhindern, welche einem Bündnis zwischen Großbritannien, Frankreich und der Sowjetunion aus Angst vor einem Einfall der Sowjetunion äußerst kritisch gegenüberstanden.

13

Als man sich dann aber gezwungen sah, einem Bündnis zuzustimmen, um dem Scheitern der
Verhandlungen zu entgehen, konnte den Sowjets im entscheidenden Punkt – der Einbeziehung der baltischen Staaten – kein Zugeständnis gemacht werden. Die Notwendigkeit, sich
mit der Sowjetunion zu verbünden, wurde von britischer Seite zu spät gesehen. Fraglich bleibt
aber natürlich, ob die Streitfrage um die baltischen Staaten nicht auch schon früher zu einem
Ende der Verhandlungen geführt hätte.

Natürlich liegt die Schuld für ein Scheitern der Verhandlungen nicht nur bei den Briten. Die
Sowjets stellten hohe – kaum erfüllbare – Forderungen an die britische Regierung und schie-
nen nach der Entlassung Litwinows nicht mehr an einem Bündnis interessiert zu sein. Ansonsten wären sie Frankreich und Großbritannien wohl stärker entgegengekommen.

All dies führte zum Ende der Verhandlungen, was schließlich zum Ausbruch des Zweiten
Weltkrieges mit beitrug.

Die Darstellung Watts ist hierbei sehr Quellen-bezogen und bemüht sich um eine ausgewoge-
ne Darstellung.

14

Literaturverzeichnis

Basisliteratur:

Watt, Donald Cameron, 2001: How war came. London: Pimlico.

Primärliteratur:

- Documents on British Foreign Policy, 1919 – 1939, 3rd series, Volume V [DBFP]
- Soviet Documents on Foreign Policy, 1933 – 1941, Volume III [SDFP]